# Comparar y contrastar

Frases claves para **comparar y contrastar**:

_____ se parece a _____
en que _____.

_____ se diferencia de _____
en que _____.

Para **comparar y contrastar** dos personas o cosas, piensas: ¿en qué se parecen? Además piensas: ¿en qué se diferencian?

# Cada parte, una función

# Las partes del cuerpo de los animales

La mayoría de los cuerpos de los animales tienen partes parecidas, como la cabeza, las patas, los brazos o las piernas. La mayoría de las aves tienen alas; todos los osos y gatos tienen patas; y las focas tienen aletas. Cada parte del cuerpo tiene una diferente función, que es el trabajo que realiza esa parte del cuerpo.

Estos animales tienen partes del cuerpo con diferentes funciones. Algunas partes les sirven a los animales para obtener comida, mientras que otras los ayudan a moverse por el mundo. Todas las partes del cuerpo ayudan a los animales a sobrevivir, lo que significa que cada parte tiene una función que lo ayuda a vivir.

# Foca

La foca vive principalmente en el océano. La foca tiene una parte especial del cuerpo que la ayuda a avanzar por aguas oscuras. Son los bigotes de su cara, parecidos a los de un gato. Estos bigotes ayudan a la foca a sobrevivir en las aguas del océano.

## ¡EXTRA! ANTENAS DE INSECTOS

Los **insectos** tienen **antenas** en la cabeza. Las antenas ayudan al insecto a sentir las cosas, como lo hacen los bigotes de las focas, y también ayudan a algunos insectos a oler y a escuchar.

Para la foca es muy difícil ver las cosas que hay en las oscuras aguas del océano. Los bigotes le sirven para sentir, a medida que avanza bajo el agua, cosas como las **vibraciones** de los peces que nadan a su alrededor. Así, la foca sabe dónde están los peces, aunque no los vea, y puede atraparlos y comérselos.

# Oso

garras

El oso tiene unas patas muy grandes al final de sus extremidades. Cada pata tiene un conjunto de garras afiladas. El oso usa las garras de diferentes maneras para ayudarse a sobrevivir en el bosque. Las garras le sirven para cavar, agarrar la comida y separar cosas. Las garras también ayudan al oso a trepar.

**SABELOTODO**

**Colmillos de oso**
El oso tiene unos poderosos colmillos. Los colmillos son dientes largos y puntiagudos. Le sirven al oso para morder y destrozar cosas, como los peces.

Los insectos son un alimento importante para algunos osos. El oso usa las garras para desenterrar insectos del suelo y levantar troncos de árboles y ramas caídas, donde viven muchos insectos. Los osos también usan sus garras para cavar agujeros en el suelo, llamados cubiles, donde duermen. Las garras también ayudan al oso a empujar su cuerpo hacia arriba cuando trepa por los árboles.

Ciencias

los mamíferos

# ¿Qué es un mamífero?

Los mamíferos son un grupo de animales con características parecidas. Todos los mamíferos están cubiertos de pelo. Un mamífero madre alimenta a sus crías con leche de su cuerpo. Los mamíferos respiran aire y tienen una columna vertebral en el cuerpo.

foca

vaca

caballo

chivo

**SABELOTODO**

Una ballena azul puede llegar a tener la longitud de tres autobuses escolares grandes juntos.

Los mamíferos viven en todas partes del mundo. Pueden nadar, volar y correr. Son de todas las formas y tamaños. La ballena azul es el mamífero más grande. La comadreja menor es uno de los mamíferos más pequeños del mundo.

# Armadillo

El armadillo es un mamífero que vive en lugares cálidos. Si bien el armadillo es mucho más pequeño que un oso, el armadillo también tiene garras que le sirven para cavar. Las garras del armadillo son largas y curvas, o ligeramente dobladas. El armadillo usa sus garras de muchas de las mismas maneras en que lo hace un oso.

**SABELOTODO**

Cuando algo asusta a un tipo de armadillo, este da saltos de hasta cuatro o cinco pies.

madriguera

El armadillo usa sus largas garras para cavar en busca de hormigas y otros insectos para comer. También cava túneles y agujeros en el suelo, llamados **madrigueras**. El armadillo se arrastra hasta su madriguera a través de esos túneles. El armadillo vive en su madriguera, y allí duerme y tiene a sus crías.

# Las patas de los animales

Hay muchos tipos diferentes de patas de animales. Los animales usan sus patas para cavar, nadar y atrapar comida.

geco

El geco es un lagarto que puede trepar por paredes muy lisas e incluso colgarse de cabeza. En sus patas tiene cientos de pelos diminutos que se pegan a las superficies planas, como una pared o una ventana.

El ornitorrinco tiene **patas palmeadas** y planas. Esas patas le sirven para nadar y cavar.

ornitorrinco

patas palmeadas

14

águila

El águila tiene, en lugar de pies, enormes garras curvas llamadas talones. El águila usa sus **talones** para atrapar animales para comer.

talones

El cocodrilo también tiene patas palmeadas, lo que le ayuda a nadar en el agua y caminar en el barro.

cocodrilo

# Tucán

El tucán vive en las copas de los árboles de las selvas tropicales. Esta ave tiene un pico colorido que es casi tan largo como el resto de su cuerpo. El tucán es capaz de volar con un pico tan grande porque este es muy liviano. Además, es duro y fuerte, y le sirve para muchas cosas.

## ¡EXTRA!

### ¡LOS TUCANES SE SALUDAN!

Los tucanes usan sus picos para jugar y saludarse. Lo hacen dándose golpecitos en el pico.

El tucán se alimenta principalmente de frutas. Usa su largo pico para agarrar frutas en las ramas más altas de los árboles de la selva tropical. El tucán también usa su pico para agarrar insectos y otros animales como, lagartijas y serpientes.

# Ornitorrinco

El ornitorrinco es un mamífero que vive en tierra y en ríos de agua dulce. Si bien este mamífero no se parece en nada a un tucán, la boca del ornitorrinco tiene forma de pico. Este pico no es duro como el de un pájaro. Es suave y gomoso, y se puede doblar.
El ornitorrinco usa su pico para encontrar comida.

**SABELOTODO**

El ornitorrinco no tiene dientes para masticar. En cambio, recoge pequeñas rocas con su comida y las usa para moler la comida hasta reducirla a pequeños trozos.

El ornitorrinco es un buen nadador y busca comida en el fondo de los ríos. Nada hasta el fondo lodoso y utiliza su pico para sentir el movimiento de insectos o mariscos como los cangrejos de río. Cuando detecta una buena comida, recoge los pequeños animales con su pico plano.

# Pez linterna

El pez linterna vive cerca del fondo del océano, donde no llega la luz solar. Su cuerpo tiene partes que lo ayudan a sobrevivir en ese lugar tan oscuro.

El pez linterna tiene la boca grande y una parte larga y delgada sobre la cabeza. Esa parte se llama **señuelo**, y brilla o emite una luz suave. Otros peces ven el señuelo y nadan hacia él. Luego, el pez linterna usa su enorme boca y sus dientes para agarrar la presa y comérsela.

# Pez sierra

hocico

El pez sierra es uno de los ocho tipos diferentes de peces con nariz en forma de sierra que viven en los océanos de la Tierra. El pez sierra tiene un hocico formado por una nariz larga y plana, con dientes a lo largo de sus lados. El pez sierra usa su hocico para encontrar y atrapar comida.

**SABELOTODO**

El pez sierra recibe su nombre de una herramienta que la gente utiliza. Su hocico se parece a la sierra que se usa para cortar madera.

El pez sierra usa su hocico para encontrar peces. Mueve el hocico en la arena para encontrar animales marinos que se esconden en el fondo del océano. Cuando hay peces cerca, el pez sierra mueve su hocico de lado a lado para golpear y cortar un pez. Luego, lo agarra con la boca y se lo come.

# ¿Conoces esta nariz?

La mayoría de los animales tienen una nariz para respirar y oler cosas, como la comida. Algunos animales tienen narices inusuales que no son solo para respirar y oler.

La nariz del elefante se llama trompa. El elefante usa la trompa para agarrar cosas, como las hojas que se come. También con la trompa emite sonidos.

El mandril es el mono más grande del mundo. El mandril macho tiene la nariz de color rojo brillante. El color ayuda a los mandriles machos a encontrar pareja entre las mandriles hembras.

La cara del oso hormiguero parece una nariz muy larga. La nariz y la boca del oso hormiguero están al final de su hocico. El oso hormiguero mete el hocico en los hormigueros para atrapar hormigas con su lengua larga y pegajosa.

El topo de nariz estrellada tiene la nariz en forma de estrella. El topo no ve muy bien. Usa la nariz como la foca y el gato usan sus bigotes, para sentir lo que hay por el camino mientras se arrastra o cava en el suelo.

**antenas** dos partes muy finas del cuerpo de un insecto que usa para sentir las cosas a su alrededor

**insecto** animal pequeño de seis patas y un cuerpo con tres partes

**madriguera** agujero en la tierra que un animal hace para vivir en él

**patas palmeadas** patas que tienen piel entre los dedos

**señuelo** Algo que se utiliza para atraer y atrapar animales, como peces

**talones** garras que algunas aves tienen en las patas

**vibraciones** serie de movimientos rápidos hacia adelante y hacia atrás

Every effort has been made to trace the copyright holders of the works published herein. If proper copyright acknowledgment has not been made, please contact the publisher and we will correct the information in future printings.

**Photography and Art Credits**

All images © by Vista Higher Learning unless otherwise noted.

**Cover:** (t) Azahara Perez/Shutterstock; (m) Alexandr Vorobev/Shutterstock; (b) Rafaelbenari/123RF.

**4:** (t) Ondrej Prosicky/Shutterstock; (m) Masha Rasputina/Getty Images; (b) Douglas Klug/Getty Images; **5:** (tl) TashaBubo/Shutterstock; (tr) Jim Lambert/Shutterstock; (ml) Andrea Izzotti/Getty Images; (mr) Ondrej Prosicky/Shutterstock; (bl) Tsuyoshi Kaminaga/EyeEm/Getty Images; (br) Marko Steffensen/Alamy; **6:** (t) Westend61/Getty Images; (b) Douglas Klug/Getty Images; **7:** Andrew b Stowe/Shutterstock; Uniqds/Shutterstock; Douglas Klug/Getty Images; (t) Jonathan Steinbeck/Shutterstock; (b) Roland Hemmi /Design Pics/Getty Images; **8:** (t) Azahara Perez/Shutterstock; (b) Canon Boy/Shutterstock; **9:** (t) Critterbiz/Shutterstock; (ml) Diana0403/Shutterstock; (mr) Benedamiroslav/Getty Images; (b) Belizar73/Getty Images; **10-11:** Hussain Warraich/Shutterstock; **10:** (tl) Westend61/Getty Images; (tr) Christian Musat/Shutterstock; (bl) Callipso/Shutterstock; (br) Olga Gavrilenko/123RF; **11:** (t) Atomic Roderick/Shutterstock; (b) Wim Hoek/Shutterstock; **12:** (t) Saddako/Getty Images; (b) Joel Trick/Shutterstock; **13:** (t) Serjio74/Getty Images; (b) Foto 4440/Shutterstock; **14-15:** Spirins/Shutterstock; **14:** (tl) NoamArmonn/Deposit Photos; (tr) Lifeonwhite/Deposit Photos; (bl) Martin Harvey/Getty Images; (br) Lukas_Vejrik/Shutterstock; **15:** (t) Colin Edwards Wildside/Shutterstock; (mt) Torikell/Shutterstock; (mb) Roman Samokhin/123RF; (b) Seaboy888/Deposit Photos; **16:** Alexandr Vorobev/Shutterstock; **17:** (t) Eze Blanco/Shutterstock; (bl) Paul S. Wolf/Shutterstock; (br) EWStock/Shutterstock; **18:** (t) Jacqui Martin/Shutterstock; (m) Martin Pelanek/Shutterstock; (b) Slowmotiongli/Shutterstock; **19:** (t) Robin Smith/Getty Images; (b) John Carnemolla/Shutterstock; **20:** Dorling Kindersley/Getty Images; **21:** Marko Steffensen/Alamy; **22:** (t) Andrea Izzotti/Shutterstock; (b) Rafaelbenari/123RF; **23:** (t) Nick Fox/Alamy; (b) Commercial RAF/Shutterstock; **24:** (t) Leon Marais/Shutterstock; (b) Baehaki Hariri/Shutterstock; **26:** (tl) Jonathan Steinbeck/Shutterstock; (tr) Benedamiroslav/Getty Images; (ml) Martin Harvey/Getty Images; (mtr) Marko Steffensen/Alamy; (mbr) Torikell/Shutterstock; (bl) Foto 4440/Shutterstock; (br) Andrew b Stowe/Shutterstock; Uniqds/Shutterstock;

**Master Art:** Rawf8/Alamy.

© 2025, Vista Higher Learning, Inc.
500 Boylston Street, 10th Floor
Boston, MA 02116-3736
www.vistahigherlearning.com
www.loqueleo.com/us

**Dirección Creativa:** José A. Blanco
**Vicedirector Ejecutivo y Gerente General, K–12:** Vincent Grosso
**Editora Ejecutiva:** Julie McCool
**Desarrollo Editorial:** Salwa Lacayo, Lisset López, Isabel C. Mendoza
**Diseño:** Radoslav Mateev, Julián Montenegro, Gabriel Noreña, Andrés Vanegas, Manuela Zapata
**Coordinación del proyecto:** Karys Acosta, Andrea Cubides, Tiffany Kayes
**Derechos:** Jorgensen Fernandez, Annie Pickert Fuller, Kristine Janssens
**Producción:** Thomas Casallas, Oscar Díez, Sebastián Díez, Andrés Escobar, Adriana Jaramillo, Daniel Lopera, Daniela Peláez, Daniel Tobón

*Cada parte, una función*
ISBN: 978-1-66994-007-4

Todos los derechos reservados. Esta publicación no puede ser reproducida, ni en todo ni en parte, ni registrada en o transmitida por un sistema de recuperación de información, en ninguna forma ni por ningún medio, sea mecánico, fotoquímico, electrónico, magnético, electroóptico, por fotocopia o cualquier otro, sin el permiso previo, por escrito, de la editorial.

Published in the United States of America

1 2 3 4 5 6 7 8 9 GP 30 29 28 27 26 25